Versprich niemandem Liebe ...

Emmarias Toropoff

Versprich
niemandem
Liebe ...

gedichte – emotional, spontan, intim ...

Beratung: Marianne Lund, Leipzig
Fotos: Katharina Stagneth, Hamburg

Bibliografische Information der Deutschen Nationalbibliothek:
Die Deutsche Nationalbibliothek verzeichnet diese Publikation in der
Deutschen Nationalbibliografie; detaillierte bibliografische Daten sind
im Internet über < http://dnb.d-nb.de > abrufbar.

1. Auflage 2007

© Emmarias Toropoff
www.toropoff.de
EmmariasToropoff@web.de

Satz, Umschlaggestaltung, Herstellung und Verlag:
Books on Demand GmbH, Norderstedt

ISBN 978-3-8334-7916-8

Ein besonderes Dankeschön gilt Alexander Hirsekorn, einem guten Freund, der mir in vielen Situationen entscheidend geholfen hat.

***

Liebe, einsame Blumen der endlosen Welt.
Wer hat sie gesehen, wer hat sie gezählt.
Liebe, einsame Blumen der endlosen Welt.
Sie blühen morgens, sind abends verwelkt.

Sie stehen im Schatten, sie brauchen Licht.
Hast du schon gesehen ihr schönes Gesicht.

Sie stehen im Schatten, man sieht sie nicht.
Sie sind so traurig, dass es das Herz zerbricht.
Wer hat die Blumen zum Weinen gebracht.
Wer hat sich Gedanken über sie gemacht.

Wer hat gesehen, wie schön sie sind.
Sie werden vergessen, sie tröstet der Wind.

Wer hat gesehen, wie schön sie sind.
Sie werden vergessen, sie tröstet der Wind.

***

Man soll sich Zeit nehmen.
Zeit nehmen,
sonst
wird
sie
uns
genommen.
Zeit
nehmen
und
den
lieben
Mensch
sehen,
umarmen,
küssen,
streicheln,
fühlen,
lieben.
Einfach
in
den
Armen
liegen
und
schweigen.
Wenn
man
sich
das
nur
vorstellt,
fliegt
die Seele zu den Sternen
in den Himmel.

***

Ich traf dich damals zufällig im kleinen Café.
Du warst mir ganz einfach nah, wie keiner je.
Du hast bestimmt auch mich gleich gesehen.
Du machtest ein Gesicht, wie nichts geschehen.
Na gut, ich spiele das ein Weilchen mit.
Kannst ruhig sein, Schatz, ich nehme dich mit.

***

Bist mir jetzt so nah, bist mir so fern.
Du mein geliebter, unerreichbarer Stern.
Es passt dir, nicht wahr, allein zu sein.
Du meinst, ich bin für dich zu klein?
Ich such mir nur die größten Sterne!
Ich hole mir alles nur aus der Ferne.
Du meinst, zu weit von mir zu sein?
Ich hole dich, und du wirst mein.
Du kennst mich nicht …

***

Ein Blick,
ein Wort
ein Schritt.

Ich sah dich und sagte – komm mit!

Ein Schritt,
ein Blick,
ein Wort.

Du ahntest nichts und gingst sofort!

Ein Wort,
ein Schritt,
ein Blick!

***

Heute, in diesen schönsten Morgenstunden,
Das lang ersehnte Glück hat uns gefunden.

Die Nachtigall sang das Beste der Nacht.
Hat einsame Seelen zueinander gebracht.

Ich sah dich schon früher in Träumen,
Wir sind zusammen, will nichts versäumen.

Schicksal öffnete uns sein größtes Geheimnis,
Aus meinen Träumen wurde das höchste Ereignis.

***

Ich habe dich ganz einfach angesprochen.
Dein tiefer Blick hat mein Herz gebrochen.
Ich wusste gleich, es wird große Liebe sein.
Unsere Herzen stehen in Flammen.
Unsere Seelen gehören zusammen.

***

Die vergangenen Stunden sind gezählt.
Allein zu sein ist nicht meine Welt.

Allein zu sein, macht keinen Spaß.
Ich weiß, wir beide wollen das.

Zu zweit in Wiesenblumen liegen.
Zu zweit bis zu den Sternen fliegen.

Wie Schmetterlinge, Blumen küssen.
Wie Vögel sein und Himmel grüßen.

Dem weißen Schiff vom Ufer winken.
Dann im Meer der Liebe versinken.

***

Was singen die Vögel, höre zu, mein Freund.
Was flüstern die Birken, höre zu, mein Freund.
Was Steine verschweigen, höre zu, mein Freund.
Was der Regen erzählt, höre zu, mein Freund.

Es ist in der Sommernacht ein Wunder geschehen.
Ich habe dich und mich im Traumland gesehen.

Die Welt war so einmalig schön, wie im Mai.
Wir gingen und gingen, der Weg war uns frei.
Wir gingen einige Tage und einige Nächte.
Die Sonne, der Mond waren unsere Wächter.

Es war meines Lebens aller schönster Traum.
Es war so wunderschön. Du glaubst mir kaum.

Ich und du, wir gingen glücklich ins Traumland.
Wir gingen immer weiter, treu Hand in Hand.
Vor uns lag die unendliche und rufende Ferne.
Glaub mir, lieber Schatz, ich hab dich so gerne.

Wir beide gingen bis in den Sonnenuntergang.
Wir hatten uns, wir hatten keine Angst und Bang.

Die Nacht nahm unsere Sorgen, unsere Ängste.
Die Nacht war herrlich und sie war die längste.
Dann verließ sie uns auch. Sie musste ja gehen.
Glaub mir - ich habe es wirklich alles gesehen.

Bis zum Morgen blieb uns die Himmelsferne.
Da standen am Himmelszelt nur zwei Sterne.

Was singen die Vögel, höre zu, mein Freund.
Was flüstern die Wellen, höre zu, mein Freund.
Was die Steine verschweigen, höre zu, mein Freund.
Was der Regen erzählt, höre zu, mein Freund.

Der Sommernachtstraum hat uns verbunden.
Zwei liebende Herzen sind auf ewig verschwunden.

Schon seit Hundert oder auch Tausend Jahren.
Die Wellen schleichen langsam auf den Strand.
Plätschern vorsichtig und schweigend am Bord.
Sie wollen uns was sagen und finden kein Wort.

Traumhafen. Sommerwundernacht. Zwei Herzen.
Das Schiff heißt Liebe, das Meer heißt Glück.
Wer findet sein Schiff, der kommt nie mehr zurück.
Das heißt, er ist versunken, im Meer, im Glück!

***

Ich liebe dich, mein Schatz der Welt.
Ich weiß, ich habe richtig gewählt.
Ich liebe dich, dich Schatz der Welt.
Nur du allein hast mir immer gefehlt.
Mein Leben lang war ich auf der Suche.
Das mit dem Suchen hat sich gelohnt.
Ich wurde endlich liebreich belohnt!

Mein Lieber, ich glaub es immer nicht.
Greife zur Feder, schreib ein Gedicht.
Mir vor Augen steht dein liebes Gesicht.
Du strahlst, meine Sonne, mein Licht.

Du bist fest im Herz, du teurer Edelstein.
Du weißt, mein Schatz, ich hab dich allein.
So lang ich atmen, leben darf, ich liebe.
Der schönste Diamant der wahren Liebe.

Ich bin glücklich und weiß nicht wohin.
Nur du gibst meinem Leben einen Sinn.
Halte mich in deinen Armen ganz fest.
Ein jeder Tag mit dir, ein Sieg, ein Fest.

Wir lassen uns von der Welt entfernen.
Glücklich ziehen wir zu unseren Sternen.
Du bist fest im Herz, du teurer Edelstein.
Du weißt, mein Schatz, ich hab dich allein.

Das Schicksal schenkt uns einen Strauß.
Mit anderen Schönheiten ist es jetzt aus.
Jetzt bin ich dein und du allein bist mein.
Ich bin glücklich bei dir zu Haus zu sein.

***

Ich weiß es, du hast mich schon gesucht.
Bitte, verzeih mir meine heimliche Flucht.
Ich brauche nur einfach Zeit für mich.
Es ist nichts geschehen, ich liebe nur dich.

***

So hoch gibt's keine Berge.

So tief gibt's keinen Ozean.

So laut gibt's keinen Schrei.

So süß gibt's keinen Honig.

Das alles ist die Liebe allein!

***

Ein Tanz in der Nacht
Zur späten Stunde.
Ein Tanz in der Nacht
Heilt Herzens Wunden.

Ein Tanz in der Nacht
Wie Feuer und Flamme.
Ein Tanz in der Nacht
Führt uns zusammen.

Ein Tanz in der Nacht
Du machst uns verrückt.
Ein Tanz in der Nacht
Du bringst uns Glück.

Ein Tanz in der Nacht
Wo warst du so lange.
Ein Tanz in der Nacht
Du hast uns gefangen.

Ein Tanz in der Nacht
Was hast du gemacht.
Ein Tanz in der Nacht
Er hat nur gelacht.

***

Wo meine Liebe spricht,
          wo ist der Ort?

Wo ist der Ort,
          wo klingt das liebe Wort?

Wo klingt das liebe Wort,
          wo ist das Licht?

Wo ist das Licht,
          wo meine Liebe spricht?

Ich weiß es jetzt,
          wo meine Liebe spricht!

Ich weiß es jetzt,
          wo liegt meiner Liebe Ort!

Ich weiß es jetzt,
          wo ist meiner Liebe Licht!

Ich weiß es jetzt,
          wo klingt meiner Liebe Wort!

***

Ade!
Meine
schlaflosen Nächte,
Ade!

Ade!
Meine
traurigen Lieder,
Ade!

Ade!
Meine
einsamen Tage,
Ade!

Ade!
Meine
grauen Träume,
Ade!

***

Früher Morgen.
Ich träume.
Du bist mein Traum.
Du träumst.
Wir sind ein Traum.

Ich erwache.
Du bist mein Morgen.
Du erwachst.
Wir sind ein Morgen.

Ich spüre.
Du bist mein Herz.
Du spürst.
Wir sind ein Herz.

Ich weine.
Du bist meine Träne.
Du weinst.
Wir sind eine Träne.

Ich sehe.
Du bist mein Licht
Du siehst.
Wir sind ein Licht.

Ich küsse.
Du bist mein Gefühl.
Du küsst.
Wir sind ein Gefühl.

Ich bin glücklich.
Du bist mein Glück.
Du bist glücklich.
Wir sind ein Glück.

Ich liebe.
Du bist meine Liebe.
Du liebst.
Wir sind eine Liebe.

Ich hoffe.
Du bist meine Hoffnung.
Du hoffst.
Wir sind eine Hoffnung.

Ich lebe.
Du bist mein Leben.
Du lebst.
Wir sind ein Leben.

***

Du bist wieder weg von mir,
mir ist zumute sehr schwer.
Meine Sehnsucht ist so groß
wie das tiefste Meer.

***

Drei Tauben begleiten dich, mein Lieber.
Meine Seele, mein Herz und meine Liebe.
Sie machen die Tage und Nächte kürzer.
Sie werden dich trösten und beschützen.

Du schaust dem Mond in die Augen hinein.
Was siehst du dort? Mich ganz allein.
Hoch zu den Sternen fliegt meine Seele.
Ich eile zu dir, es geht ja nicht schneller.

Drei Tauben begleiten dich, mein Lieber.
Meine Seele, mein Herz und meine Liebe.
Sie machen die Tage und Nächte kürzer.
Sie werden dich trösten und beschützen.

Schatz, zu Ende geht die lange Reise.
Ich bin allein hier wie eine kleine Waise.
Mein Schatz, nur nach dir sehne ich mich.
Du weißt es gut, ich liebe alleine nur dich.

Drei Tauben begleiten dich, mein Lieber.
Meine Seele, mein Herz und meine Liebe.
Sie machen die Tage und Nächte kürzer.
Sie werden dich trösten und beschützen.

***

Du fehlst mir,

meine liebende Ferne.

Glaub mir, ich wäre jetzt bei dir so gerne.

Ich kann   ohne dich nicht   leben.

Glaub mir, ich wäre jetzt bei dir so gerne.

Du fehlst mir, meine liebende Ferne.

***

Du bist einmalig, bist einfach so schön,
Lieber Freund, mein Mann – Dankeschön!

In den Morgenträumen kommst du zu mir.
Mein Herz springt hoch und fliegt zu dir.

Du spürst, wenn es mir nicht gut geht.
Du bleibst, bis der Schmerz vergeht.

Du schenkst mir täglich ein liebes Wort,
Dann bin ich so glücklich hier und dort.

Du küsst so zärtlich meinen Mund.
Du und ich, wir sind ein fester Bund.

Ich bin dein Mond, du bist meine Sonne.
Du bist mein Haus, bist meine Wonne.

Ich möchte dich jetzt fest umarmen
Und ewig tragen weit in meinen Armen.

Dein einziges Foto steht auf dem Kamin.
Du kommst mir nie mehr aus meinem Sinn.

***

Abend. Schleichend bricht ein die Nacht.
Übernimmt über die Welt die Wacht.

Nur du und ich im blauen Mondeslicht.
Ich streichle ganz zärtlich dein Gesicht.

Von meiner Berührung, leicht zitterst du.
Ich umarme dich. Deine Augen sind zu.

Deine Lippen sind feucht. Ich küsse dich.
Du schmilzt in den Armen, das spüre ich.

Musik der Sterne. Wir drehen uns im Takt.

Die Ferne ruft uns, wir schweben hoch.
Wir lieben uns und was wollen wir noch?

***

Stille

Du schläfst noch.

Ich fühle mich glücklich.

Ich bin es.

Ich weiß, wir kriegen alles hin.

Jetzt hat das Leben einen Sinn.

Die heißen Tränen fließen mir.

Du schläfst noch.

Du weißt nichts davon.

Die Augen sind zu.

Stille.

Ich küsse Dich.

Du schläfst noch.

Ich streichle deine Hand.

Ich liebe dich.

Stille.

***

Lieber Freund, mein lieber Schatz.
Die Welt hat für dich keinen Ersatz.
Die Sehnsucht zerreißt mein Herz.
Das ist die Wahrheit und kein Scherz.
Komm doch einfach nach Hause.
Leben ohne dich ist eine lange Pause.

***

Du bist mein.
Ich höre noch immer
deine Stimme.

Ich sehe noch immer
deine Augen.

Ich küsse noch immer
deine Lippen.

Ich spüre noch immer
deine Wärme.

Ich berühre noch immer
dein Gesicht.

Mein lieber Freund,
du bist
mein Licht!

***

Ich mache das Fenster auf.

Es regnet. Es regnet. Es regnet.

Ich mache das Fenster zu.

Es ist still. Es ist still. Es ist still.

Ich weiß es,
Gott hat uns gesegnet.

Ich weiß es,
Ich liebe, wie Gott es will.

***

Wir sind Diener der Liebe

Sie hat unsere
Wege zusammengeführt.

Sie hat unsere
Herzen zum Lieben verführt.

Sie hat uns
So göttlich glücklich gemacht.

Sie hat uns
zum Lachen und Weinen gebracht.

***

Mein Lieber,

Guten Abend oder Guten Morgen!

Mein Lieber,

du machst dir heute welche Sorgen?
Mach dir keine Sorgen, bis morgen,

mein Lieber!

Bis morgen, bis morgen,
wir sehen uns wieder!
Wir sehen uns wieder, hab für dich neue Lieder,

mein Lieber!

***

1.
Du, vergiss mich bitte nicht.
Trübe Wolken ziehen weiter.
Der Himmel wird blau und heiter.
Du, vergiss mich bitte nicht.
Meine Tränen, Regentropfen
An deinem Fenster klopfen.
Du, vergiss mich bitte nicht.

Refrain:
Lieber Freund, nicht traurig sein.
Lange Reisen fliegen vorbei.
Wir sehen uns im schönen Mai.
Lieber Freund, nicht traurig sein.
Lange Reisen fliegen vorbei.
Die Sonne lächelt dann uns zwei.
Lieber Freund, nicht traurig sein.

2.
Du, vergiss mich bitte nicht
Morgenträume – kleine Schiffe,
Bringen meine Liebesbriefe.
Du, vergiss mich bitte nicht.
Meine Lieder – Liebesgrüße,
Deine Lippen zärtlich küssen.
Du, vergiss mich bitte nicht.

3.
Du, vergiss mich bitte nicht.
Meine Hand berührt das Klavier,
Die Gedanken fliegen zu dir.
Du, vergiss mich bitte nicht.
Unsre Liebe – Lebensquelle,
Wir – ein Herz, wir – eine Seele.
Du, vergiss mich bitte nicht.

***

Ich weiß, du hast mich schon gesucht.
Bitte, verzeih mir meine heimliche Flucht.
Ich brauche nur einfach Zeit für mich.
Es ist nichts geschehen. Ich liebe nur dich.

Schau, was für ein herrlicher Sommer,
Nur für uns zwei azurblaues Himmelsmeer.
Schau doch, welch eine wunderbare Zeit.
Wir beide wollen hier bleiben zu zweit.

***

Du fehlst mir sehr,

wie dem Mond die Sterne,
wie der Steppe die Ferne.

Du fehlst mir sehr,

wie der Mutter das Kind,
wie dem Segel der Wind.

Du fehlst mir sehr,

wie den Lippen der Kuss,
wie dem Ufer der Fluss.

Du fehlst mir sehr,

wie dem König die Krone,
wie der Erde die Sonne.

Du fehlst mir sehr,

wie dem Weinen die Tränen,
wie dem Alter die Strähnen.

Du fehlst mir sehr,

wie die Tiefe dem Ozean,
wie den Bergen der Enzian.

Du fehlst mir sehr,

wie dem Winter der Schnee,
wie dem Märchen die Fee.

***

Meine Regensymphonie

Sonntag.

Es regnet seit vielen Tagen und Wochen.
Der Himmel weint, weint ununterbrochen.
Es regnet seit vielen Tagen und Wochen.
Du hast schon lange kein Wort gesprochen.

Sonntag.

Der Regen, der einzige, der mit mir spricht.
Der Regen sagt die Wahrheit ins Gesicht.
Der Regen, der einzige, der mich versteht.
Der Regen, der einzige, der zu mir steht.

Sonntag.

Du, meine liebe – meine Regensymphonie.
Was auch geschieht, du verlässt mich nie.
Du, meine Liebe – meine Regensymphonie.
Was auch geschieht, ich verlasse dich nie.

Sonntag.

Ich liebe Dich, meine Regensymphonie.
Ich gebe nicht auf, du kennst mich nicht.
Ich liebe Dich, meine Regensymphonie.
Du gehst nie weg, ich verlasse dich nie.

Sonntag.

Du liebst mich. Ich Dich. Wir sind ein Paar.
Dauert es ewig oder …

*** *

Was ist mit dir, du meine Ferne.

Ich sage dir, ich hab dich gerne.

Was ist mit dir, mein blaues Meer.

Ich hätte gern von dir noch mehr.

Was ist mit dir, mein wilder Steppenwind.

Sing ein Lied für dein liebes Kind.

***

Du sprichst mit mir gar nicht mehr.
Ich sehe dich schon viele Tage nicht.
Es regnet. Es gibt kein Sonnenlicht.
Du liebst mich wohl nicht mehr?

***

Liebling!
ohne dich ist alles so leer.

Liebling!
ohne dich geht's nicht mehr.

Liebling!
ich vermisse dich so sehr.

Liebling!
verlasse mich nicht mehr.

Liebling!
ich liebe dich so sehr!

***

Du gehst spät abends oft alleine fort.
Du sprichst mit mir kein liebes Wort.
So kann es doch nicht weiter gehen,
Es muss bestimmt etwas geschehen.

Du schaust mich ganz entfremdet an.
Du meinst, ich wäre Schuld daran.
Das macht einfach meine Seele leer.
Ich glaub schon an gar nichts mehr.

Wie ein tiefes Meer war die Liebe.
Kein Tropfen ist davon geblieben.
Das Glück war wie der höchste Berg,
Jetzt sieht es aus wie ein kleiner Zwerg.

Du kennst meine Gefühle gar nicht.
Du willst, dass mein Herz zerbricht.
Ich mach jetzt endlich einen Schluss.
Es reicht, genug mein Lieber, Tschüss.

***

Vom großen Berg der Liebe
Blieb nur ein kleiner Hügel.
Von deinem heißen Schwur
Findet man jetzt keine Spur.

***

In meinen Gedanken bin ich jetzt sehr tief.
Wir machen Schluss, ich schreib dir einen Brief.
Nun schreibe ich dir – Endgültig! Vorbei!
Wir sind kein Paar, ich liebe dich nicht, Good-bye!

***

Glücklich waren wir nur zwei kurze Wochen,
Dann hast du als erster das Glück gebrochen.
Dein Verhalten ist wie ein Schlag ins Gesicht.
Mir ist schwarz vor Augen, ich sehe kein Licht.

Du sagst mir nichts, lässt mich einfach stehen.
Du sagst nichts, willst mich nicht verstehen.
Was heißen soll, du willst mich nicht sehen.
Was heißen soll, du hast Gründe zu gehen.

Plötzlich steh ich allein, verlassen vor der Welt.
Ich steh wie ein einsamer Baum auf dem Feld.
„Wo bist du?" -schreit des Baumes Herz.
Keine Antwort, es war alles ein böser Scherz.

Auf dem Boden liegen unserer Liebe Scherben.
Du schweigst, du weißt, dass ich alleine sterbe.
Die Seele weint. Tränen fließen und brennen.
Alles ist vorbei! Wir werden uns wohl trennen …

***

Die Sonne lächelt uns nicht mehr an,
Was haben wir uns beide nur angetan.
Der Mond lässt sich nicht mehr sehen,
Was nicht sollte, ist grad geschehen.

Du willst gehen...

Du sagst – Verzeih! Und du wirst gehen.
Ich sag kein Wort und bleibe stehen.
Meine Liebe, mein Glück, alles ist fort.
Mir scheint, ich steh noch immer dort.

Ein verlassener Ort...

Ich und du haben in Träumen gelacht
Und hatten dabei an gar nichts gedacht.
Wie im Himmel ein einsamer Stern.
Das Glück war nah und doch so fern.

Wir hatten einander gern...

Wellen sangen romantische Lieder,
Nie werden wir sein zusammen wieder.
Vorbei einen Sommer lang zu zweit.
Der Strand der Liebe ist schon weit.

Vorbei unsere Zeit...

Es ist vorbei, zurück bleibt Schmerz,
Still trauert auch mein armes Herz.
Du kommst bestimmt nicht mehr.
Ich vermisse meine Liebe so sehr.

Es ist schwer...

***

Mein armes Herz hat unheilbare Wunden.
Ich überlebe wohl nie diese langen Stunden.
Das Glück und die Liebe sind verschwunden.

In Trauer voller Schmerz bleibe ich zurück.
Hilflos zusehend, wie bricht mein Glück.
In schmerzvoller Trauer bleibe ich stehen.
Wir werden uns wohl niemals wieder sehen.

In der Nichtigkeit schmerzvoller Stunden,
Mit Schwermut erinnere ich mich noch
An meine unheilbaren Herzenswunden,
Mein Zeuge – Gott! Ich liebe dich doch.

Mein Zeuge – Gott! Ich liebe dich doch.

***

Es regnet, es regnet, es regnet,

es regnet, es regnet, es regnet,

es regnet, es regnet, es regnet.

Ich träume, meine Augen sind zu.

Es regnet, es regnet, es regnet,

es regnet, es regnet, es regnet,

höre doch zu.

Flüstern die nassen Blätter mir zu.

Es regnet, es regnet, es regnet,

es regnet, es regnet, es regnet,

es regnet, es regnet, es regnet.

Ich träume, meine Ohren sind zu.

Es regnet, es regnet, es regnet,

es regnet, es regnet, es regnet,

es regnet, es regnet, es regnet.

***

Bleib doch stehen. Mach deine Augen zu.

Höre dich in die göttliche Abendstille hinein.
Ein trauriges Lied singt ein einsames Vöglein.
So singen meine verlassene Seele, mein Herz.
Die Brust zerreißt ein unheimlicher Schmerz.

***

Immer, immer, immer wieder, immer wieder
Ich weine, ich singe deine liebevollen Lieder.
Höre oft deine verführerische Musik so gern,
Leider, mein Stern, bist du von mir schon fern.

In meinen schönsten Träumen bist du mit mir.
Du weißt doch, ich war ja so glücklich mit dir.
Was musst du tun, dass ich dir nochmals glaube?
Was sollst du sagen, dass ich dir wieder vertraue?

Es ist nicht einfach, es ist so schwer zu ertragen.
Ruf mich an, du kannst mir wie früher alles sagen.
Wie lange noch werde ich vergebens zu dir flehen,
Wir beide konnten uns früher so gut verstehen.

Wir vergessen die alte Geschichte, mein Lieber.
Lass uns lachen und singen deine liebevollen Lieder.
Lass einfach die Herzen die neue Liebe spüren,
Und lass uns beide von deiner Musik verführen.

***

Wir haben wohl alles durcheinander gebracht.
Wir haben vielleicht etwas Falsches gemacht.
Ich habe nur dich in meinem Herzen allein.
Mein Herz ist jetzt auf einmal hart wie Stein.

Du kannst vor mir betend auf den Knien stehen.
Aber umsonst, du wirst mich nicht verstehen.
Ich kann es nicht ändern, so ist es geschehen.
Ich weiß jetzt nicht, wie soll es weiter gehen.

Ich flehe zu Gott! Hilf mir bitte in meiner Not!
Ich finde den Weg nicht zu meinem lieben Ort.
Wenn ich ihn finde, ist mein Lieber noch dort?
Ich fühle mich kalt, als ob ich wäre schon tot.

Ich will es nicht und kann dich nicht loslassen.
Wenn ich das tue, dann werde ich mich hassen.
Wir sind für einander auf diese Welt geboren.
Wir bleiben zusammen bis zu den Himmelstoren.

Wir haben wohl alles durcheinander gebracht.
Wir haben vielleicht etwas Falsches gemacht.

***

Der Sturm der Verzweiflung ist vorbei.
Mein Lieber, ich fühle mich wieder frei.
Der Sturm der Entfernung ist jetzt weit.
Ich und du, wir sind wieder zu zweit.

Ich freue mich, deine Stimme zu hören,
Ich freue mich, deine Nähe zu spüren.
Ich freue mich, in deine Augen zu schauen.
Ich freue mich, bei dir endlich zu sein.

Mein Verstand will es nicht verstehen.
Ich will nur eins, dich bei mir sehen..
Spiegelt sich im Wasser die Sonne,
Glaub mir, du bist meine einzige Wonne.

***

Mein einziger Schatz, Guten Morgen!
Mach dir, mein Lieber, keine Sorgen.
Glaub mir, mit dir allein, beginnt mein Tag.
Glaub mir, Gott weiß, wie sehr ich dich mag.

Dich sah ich nur einmal und es geschah.
Ich war wie verzaubert, du warst so nah.
Einsamer Mond schwimmt über den Fluss.
Unvergesslich bleibt der gefühlvolle Kuss.

Die Engel führten zusammen die Wege,
Der Himmel reichte uns seinen Segen,
Der Abend schenkte den besten Tanz,
Die Nacht flocht daraus einen Kranz.

Mein einziger Schatz, Guten Morgen!
Mach dir, mein Lieber, keine Sorgen.
Glaub, mit dir allein beginnt mein Tag.
Glaub mir, Gott weiß, wie sehr ich dich mag.

***

Unsere Zeit.
Ich nehme mir meine Zeit.
Du hast deine Zeit, immer!

Wenn du willst,
kannst du meine Zeit nehmen,
so viel nehmen, wie du willst,
Und wofür du willst.

Ich habe bis jetzt nur einen Wunsch –
Dich ganz lieb und fest umarmen.
Deine Haare streicheln.

Und es soll ein starker Wind sein,
Und er weht von uns alles, was irdisch ist.

Die Augen sind zu.
Wir schweigen.
Es gibt nur eine Musik.

MUSIK DER LIEBE!
MUSIK DER HERZEN!
MUSIK DER SEELEN!

***

... du weißt, wie sehr ich dich mag.
Mit deinem Namen beginnt jeder Tag.
Schon bei dem Gedanken, dich zu sehen,
Bleibt mir mein Herz und Atem stehen.
So lange ich hören, sehen, gehen kann,
Du bist und bleibst mein einziger Mann.

Wir haben uns eine Ewigkeit gesucht,
wir haben uns doch endlich gefunden.
Mein lieber, wunderschöner Freund,
das waren himmlische Stunden.

***

Ich kann nicht schlafen, ich quäle mich.
Was soll ich tun.

Ich kann nicht schlafen, ich liebe dich.
Was soll ich tun.

Ich kann nicht schlafen, ich weine sehr.
Was soll ich tun.

Ich kann nicht schlafen, ich liebe dich.
Was soll ich tun.

Ich kann nicht schlafen, ich hasse mich.
Was soll ich tun.

Ich kann nicht schlafen, ich liebe dich.
Was soll ich tun.

Ich kann nicht schlafen, ich warte auf dich.
Was soll ich tun.

Ich kann nicht schlafen, ich liebe dich.
Was soll ich tun.

Ich kann nicht schlafen, ich brauche Licht.
Was soll ich tun.

Ich kann nicht schlafen, ich liebe dich.
Was soll ich tun.

***

Ein trauriger Abschied war dein Geburtstag.
Es war ein lange, trüber und einsamer Tag.
Ich fühle mich zurzeit einsam und verlassen
Liebster, trotzdem will ich dich nicht hassen.

Der Schmerz drückt in der Brust jedes Mal
Wenn die Seele weint und fliegt in das Tal.
Wenn ich denke an unsere schönsten Tage.
War es wirklich so, meine einzige Frage?

Leider hast du uns alles gestohlen. Wie ein Dieb.
Ich weiß nur Eins – ich hab dich immer noch lieb.
Du wirst davon nichts mehr wissen.
Du wirst mich viel mehr, als ich dich, vermissen!

***

Meine Sonntagssonate

Sonntag.

Es regnet heute nicht, alles einsam und leer.
Alles auf einmal ist still, einsam und leer.
Es regnet heute nicht, alles einsam und leer.
Ich fühle mich verlassen wie eine Insel im Meer.

Sonntag.

Die Sonne erwacht, geht hoch in den Himmel.
Die Sonne begrüßt den träumenden Schimmel.
Die Sonne begrüßt mich, scheint mir ins Gesicht.
Die Sonne sagt – „Verzeihe ihm, ich bin dein Licht"

Sonntag.

Du, meine liebe Sonne – meine Sonntagssonate.
Es ist doch geschehen, verlass mich bitte nicht.
Du, meine liebe Sonne – meine Sonntagssonate.
Verzeih, ich war überzeugt, er sei mein Licht.

Sonntag.

Erst gestern hatte ich so viel Glück, wie Meer.
Heute kein Tropfen, der Krug der Liebe ist leer.
Der leere Krug fällt mir langsam aus der Hand,
Schrecklicher Traum, Schatten auf dem Sand.

Sonntag.

Es gibt uns nicht, nur Liebe, verlassen und allein.
Hast du mich geliebt?

Lass uns Zeit
Es ist nicht so einfach, wie es gestern war.
Was gestern war, sieht heute anders aus.
Lass uns Zeit.

***

Ich schließe die Augen und weine.
Meine Gedanken fliegen weit zurück.

Ich schließe die Augen und weine.
Dorthin, wo uns verließ unser Glück.

***

Was hast du dir eigentlich gedacht?
Ich bekam heute von dir einen Brief.
Der Inhalt verletzte mich sehr tief.
Ich habe bitter geweint, nicht gelacht.

Was hast du dir eigentlich gedacht?
Wie ein Urteil war dein Abschiedsbrief.
Der Inhalt verletzte mich sehr tief.
Ich habe bitter geweint, nicht gelacht.

Für dich war das ein kurzes Spiel?
Ich bedeutete dir gar nicht so viel.
In mir ist alles auf einmal gestorben.
Aus dem Tag ist Nacht geworden.

Was hast du dir eigentlich gedacht?

***

Ich vertraute dir die Seele und mein Herz.
Und bekam von dir nur bitteren Schmerz.
Ich glaubte dir, dass wir uns beide lieben.
Du bist was du bist. Ich bin was ich bin.
Um dich zu weinen hat es keinen Sinn.
Für dich, leider, Liebster, ist alles zu spät.
Für dich, hallte ich nur ein kurzes Gebet.
Dein Name wird für mich verschwinden.
Schnell verwehen alles die Morgenwinde.
Davon bleibt nichts. Nur ein Ach und Weh.
Etwas wurde eben vorbei geweht!

***

Ich kann nur hoffen, du verstehst, was du hast
                                           gemacht.

Unsere heilige Liebe ging durch eine grausame
                                           Schlacht.

Von Anfang an hast du es gewusst, vielleicht auch
                                           geplant,

Aber dass es so traurige Folgen haben wird, nicht
                                           geahnt.

Hast du gestern dabei auch wirklich geweint,

Bleibt mir ein Geheimnis.
                              Wer will dich jetzt sehen.

Der traurige Wind der Vergangenheit soll alles
                                           verwehen.

Ich will von dir nichts mehr wissen und hören.

Du sollst wissen – du hast mich durch deine Lüge
                                           verloren.

Du kannst mich mit gar nichts mehr zurück zu dir
                                           holen.

***

Gott, der Allmächtige, der Größte da oben,
Der wird dich streng fragen und nicht loben.
Ich hab dich geliebt. Ich war wie im Wahn.
Warum ausgerechnet mir hast du das angetan.
Warum hast du eine andere Liebe gesucht
Als deine einzige, rettende Flucht.
Armer, aber leiden wirst du dafür noch.
Ich war zu dir nicht so ehrlich? O doch!
Ich hab dir alles – mein Herz, meine Seele,
Ich habe dir alles auf einmal gegeben.
Warum, frage ich mich seit der letzten Stunde.
Leider habe ich nur Lüge und Betrug gefunden.
Über meine Gedichte hast du auch gelacht.
Über meine Liebe?
Mit anderen hast du deine Zeit verbracht.
Ich war über die Liebe zu dir einfach blind.
Ich war damals blind wie der Steppenwind.

***

Deine Lüge hat mich heute zu tief getroffen
Und die größte Liebe der Welt gebrochen.
Du hast mein armes, schwaches Herz verletzt,
Aber mehr als ich wirst du leiden zuletzt.

Es gibt ab jetzt für dich keine Stunde Ruhe.
Du wirst meinen Schmerz lebenslang spüren.
In Träumen werde ich dich oft besuchen.
In der Flucht kannst du deine Ruhe suchen.

Aber es gibt für deine Tat auch keine Gnade.
Ich sag's leider, Liebster. Eigentlich schade.
Du meinst, hast mich so einfach verlassen.
Du wirst dich für diese Tat einfach hassen.

Schicksal wird dich treiben von Ort zu Ort.
Aber du findest keine Ruhe und Liebe dort.
Alles ist fort. Du verdienst keinen Trost.
Bekommst nie mehr meine liebe Post.

Wer hat einmal geliebt, kennt ja die Qual.
Wer hat einmal geliebt, hat nie die Wahl.
Wünsche mir selber – ich wäre einfach tot.
Das Leben geht weiter, weiter, weiter fort.

Fort, dich gibt's in meinem Leben nicht.
Du hast dich gelöscht. Du bist kein Licht.
Dich gibt's nicht mehr in meinen Liedern.
Ich sehe dich nicht und nirgendwo wieder.

Du hast dir dein Kreuz selbst erwählt.
Auch wenn es dir jetzt nicht mehr gefällt.
Es gibt kein zurück, es gibt keine Chance.
Es bleibt für uns nur der Abschiedstanz.

***

Wie zwei Jahre sind wie zwei Monate vorbei –
Ich blieb im Herbst und du bliebst im Mai.
Zwei Monate zwischen der Liebe und Hass.
Man kann vieles vergessen, nur nicht das.

Du hast mich stets links und rechts betrogen.
Du hast frech, ohne Gnade, alles erlogen.
Geh jetzt deinen Weg und dreh dich nicht um.
Dich will ich nicht sehen, du weißt warum.

Ich war für dich ein vorübergehendes Spiel.
Ich bedeutete dir einfach wenig, nicht viel.
Du hast ewige Liebe und Treue versprochen.
Keine Woche war um, du hast sie gebrochen.

Hast mein Vertrauen ausgenutzt, missbraucht.
Du hast meine Liebe wie eine Zigarette geraucht.
Du kennst keine Gefühle, das ist dir alles fremd.
Durch all' deine Lügen ist nun mein Herz gelähmt.

Ich war aus Liebe zu dir so naiv und so blind.
Wie ehrlich, treu ich war, weiß der Steppenwind.
Mein Herz schlug damals so heiß nur für dich.
Allein dein lieber Name- war für mich Licht.

Ich bin nicht mehr ich, was ist jetzt mit mir?
Du warst wie ein Gott, ich flehte heiß zu dir.
Durch dich verlor ich für immer den Lebenssinn.
Was bin ich, was soll ich, ich soll gehen? - Wohin?

***

Das Leben geht weiter, leider ohne dich.
Das Leben geht weiter, aber ich liebe dich.

Du hast mich leider nicht einmal gerufen.
Du hast mich leider nicht einmal gesucht.
Ich hab mich verloren. Ich war zerstreut.
Ich hab bitter geweint. Ich weine bis heut.

Du hast mich wie alte Sachen vergessen.
Du hast meinen Schmerz nicht gemessen.
Du hast nichts bereut, Nichts tat dir Leid.
Du warst nicht allein und warst schon weit.

Die Nacht sang ein Lied und tröstete mich.
Die Nacht, du mein Lieber, warst es nicht.
Die Morgenstunde brachte mir neues Licht.
Die Morgenstunde, du aber warst es nicht.

Das Leben geht weiter, leider ohne dich.
Das Leben geht weiter, aber ich liebe dich.

***

Wenn es draußen regnet in Strömen,
Warte ich, vielleicht wirst du kommen.
Zieht der Regen danach auch vorbei,
Aber du, mein Lieber, bist nicht dabei.
Wo bist du jetzt, es ist schon lange her.
Ich vermisse dich, mein Lieber, so sehr.

Wenn die Königin Nacht einbricht,
Dann spüre ich, wie das Herz spricht.
Die einsame Nacht geht auch vorbei,
Aber du, mein Lieber, bist nicht dabei.
Wo bist du denn, mein einziger Stern.
Gott weiß es allein, du bist schon fern.

Die Sonne kündet den neuen Tag an,
Es geht mir endlich viel leichter dann.
Nur die einsame Seele findet keine Ruh,
In meinem Herz lebst immer allein du.
Mein lieber Beschützer, wo bist du denn,
Ich sehne mich nach dir so sehr.

***

In der Luft ein Herbstblättertanz,
Im Himmel die Zugvögel kreisen.
Verspätete Liebe hat wenig Chance.
Das Schicksal bleibt hart wie Eisen.

O Gott, verzeih uns! Gib deinen Mut.
Mach es wie früher, mach es gut.
O Gott verzeih uns! Sag uns dein Wort,
Bitte lass mich zu ihm fliegen, sofort.

Nach Süden ziehende Vögel singen
„Vergiss ihn, du kannst nicht fliegen.
Bleib wo du bist, sonst fällst du nieder.
Trauer nicht, wir kommen bald wieder."

Regen der Sehnsucht, Lieder der Nacht.
Strömender Regen als Abschied gedacht.
Verspätete Liebe hat wenig Chance.
Das Schicksal bleibt hart wie Eisen.

***

Ich warte auf dich in meinen seltenen Träumen.
Ich warte auf dich. Ich rede im Wald mit Bäumen.

Wo bist du denn?

Ich möchte deine Stimme hören. Wo bist du denn?

Wo bist du denn?

Ich möchte deine Augen sehen. Wo bist du denn?

Wo bist du denn?

Ich möchte ohnmächtig in deine Arme fallen und
Erwachen von dem zarten Kuss auf meinem Mund.
Ich flehe mit leblosen Händen zum Himmel, zu den
Sternen.
Zeigt mir bitte den Weg zum Liebsten in der Ferne.

Wenn du erwachst in der Nacht von einem Schrei –
„Komm zurück mein Lieber – es gibt nur uns zwei."
Mein Herz schreit. Ihm wird es eng in meiner Brust.
Mein Herz schreit. Zum Leben hat es keine Lust.

Wo bist du denn?

Ich möchte deine Stimme hören. Wo bist du denn?

Wo bist du denn?

Ich möchte deine Augen sehen. Wo bist du denn?

Wo bist du denn?

Mit deinem Namen schlafe ich jeden Abend ein.
Mit deinem Namen erwache ich morgens allein.

***

Ich bin jetzt so hilflos, verlassen und allein,
Wie lange kann ich das noch ertragen.
Vergangene Stunde macht mich verrückt.
Kommende Stunde bringt auch kein Glück.

So vergehen Tage, Wochen, Monate, Jahre.
Dann sieht man weiße Strähnen in den Haaren.
Dann sieht man, wie blass werden meine Augen.

So zählt man bis zu seinen letzten Stunden.
Die Besten davon sind schon längst verschwunden.

***

Ich weiß, habe nicht erfüllt meine Pflichten.
Was hinterlasse ich anderen nach meinem Gehen?
Außer ein Paar Gedichte, Gedanken, Geschichten,
Was bleibt denn von mir für diese Welt zu sehen?

Ich bin todmüde, fühle mich plötzlich sehr alt.
Wohl kaum überlebe ich diesen Schicksalsschlag,
Es ist vielleicht höchste Zeit für mich zu gehen?
Dann brauche ich nicht mehr weinen und flehen.

Dann finde ich, oh endlich, meine himmlische Ruh.
Am besten wäre die Stunde morgens, ganz früh.
Dann werde ich die Sonne zum letzten Mal sehen.
Dann werde ich durch frischen Morgentau gehen.

Zum letzten Mal begrüßt mich mein Sonnenlicht.
Ich küsse die Sonne, wie dein liebes, junges Gesicht.
Dann sehe ich zum letzten Mal den blauen Himmel.
Dann reite ich in die Steppe auf meinem Schimmel.

Wende mich in der letzte Minute an den lieben Gott!
Werde weinen und bitten um sein Vergebungswort.
Werde weinen und bitten für mich und für Dich!
Er soll dich nicht verlassen, du brauchst sein Licht!

Ade und verzeih! Meine liebe Welt! Mein Lieber!
Wir werden uns nirgendwo sehen, niemals wieder.
Dir bleiben meine Gedichte, meine bitteren Perlen.
Dann wird endlich alles zu Asche, alles zu Scherben.

Ade und verzeih! Meine liebe Welt! Mein Lieber!
Wir werden uns nirgendwo sehen, niemals wieder.
Dir schenke ich meine Geschichten, meine Lieder.
Du vergisst mich bald. Mein Liebling, mein Lieber!

Abschiedsrosen küssen mich zärtlich zum Schluss.
Ich nehme mit auf den Weg deinen zärtlichsten Kuss.
In meiner einsamen Gruft besuche mich bitte nicht.
Ade und verzeih und traure um mich bitte nicht!

***

Im Herzen nur unheimlicher Schmerz
Es ist bittere Wahrheit, kein Scherz.

Die Augen starren vor sich verfroren.
Die Seele hat ihre Freiheit verloren.

Sie findet keine Ruhe, keinen Trost.
Ich warte vergebens auf deine Post.

Du schreibst mir kein einziges Wort.
Du bist nicht mehr da, du bist fort.

Die Liebe gehört der Vergangenheit.
Mich liebt jetzt nur die Einsamkeit.

Warum hast du mich so tief verletzt?
Wo bist du und was machst du jetzt?

Ich hab noch keinen geliebt wie dich!
Wo bist du und wer ist jetzt dein Licht?

***

Mein Leben – ein Schmerz,
Einsames Schloss – mein Herz.
Wir sollen uns nicht sehen.
Der Wind wird alles verwehen.

Die Seele – ein Tränenmeer.
Glaube, es ist mir so schwer.
Du bist mein Lieblingsstern.
Bleib lieber dort, in der Fern.

Du bist für mich geboren.
Ich ging für dich verloren.
Wir müssen uns trennen und
Die Liebe wird verbrennen.

Mein Tornado, mein Vulkan.
Werde dich lieben so lange ich kann.
Ich liebe dich! Verzeihe mich.
Ade und suche mich nicht!

***

Ja, meine Liebe
Ja, mein Traum
Ich sehe dich nie wieder
Ich glaub es kaum
Ich bleib alleine
Ich werde noch weinen.

***

Liebe
– ein Sonnenschein mitten im Regen.
Liebe
– ein Sonnenschein mitten im Herbst.
Liebe
– ein Sonnenschein in unseren Herzen.
Liebe
– ein Sonnenschein und Schmerzen.

Mitten in der Nacht bin ich plötzlich erwacht,
Habe in dem Moment nur an dich gedacht.
Ich weiß, wo du bist, du hast mich gerufen
Von andern, sehr weiten, fremden Ufern.

Du bist nicht allein, du gehörst schon einem.
Ich brach zusammen, fing an zu weinen.
Hab deine zärtliche Stimme deutlich gehört.
Darf zu dir aber nicht, ich verlasse mein Ort.

Liebe
– ein Sonnenschein mitten im Regen.
Liebe
– ein Sonnenschein mitten im Herbst.
Liebe
– ein Sonnenschein in unseren Herzen.
Liebe
ein Sonnenschein und Schmerzen.

***

Es hat heute geregnet, fast die ganze Nacht.
Ich hab für keine Stunde mein Aug' zugemacht.
Das Telefon schweigt, gibt von sich keinen Ton.
Das Schweigen ist mein einziger trauriger Lohn.

Ein anderer liebt dich auch, du bist nicht frei.
So ist das Schicksal, mein lieber, trauriger Mai.
Ich sagte – gut, nimm dir Zeit, ich dränge nicht.
Mich lieben, bei mir sein, ist keine Pflicht.

Glaub mir, es schmerzt mich in meiner Brust.
Leben ohne dich, ohne deine Liebe ist keine Lust.
Mein Liebespfeil hat dich wie ein Blitz tief getroffen
Und trotzdem darf ich immer noch nicht hoffen.

* * *

Habe immer nur dich gesucht in der Ferne
unter Milliarden schönsten und weiten Sternen.
Von dem liebsten Mann der endlosen Welt
Hat mir heimlich, abends, der Wind erzählt.

Ich möchte dich in meine Arme schließen.
Will ewig mit dir sein, dich nie vermissen.
Vor Freude fliegt meine Seele hoch hinaus.
In meinem Herzen wäre dein liebes Zuhaus.

Möchte mit dir in die liebe Ferne verreisen,
Die Züge stehen auf verschiedenen Gleisen.
Mein Herz ertrinkt im bitteren Tränenmeer.
Warum darf ich nicht. Ich liebe dich so sehr.

Ade meine göttliche Liebe. Ade mein Traum.

***

Ich spüre ihn noch, deinen Abschiedskuss.
Dein letzter Kuss, dann einfach Tschüss.

Du sagst: „Ich kann dir leider nichts geben.
Du weißt, mein JA, habe ich schon vergeben."
Du bleibst ihm treu und kommst nicht zurück.
Ein anderer hat dich schon und das Glück.

Ein anderer wird dich immer so nah sehen.
Dich leidenschaftlich küssen und umarmen.
Ein anderer nimmt dich in seine Arme.
Ein anderer darf in deine Augen schauen.
Ein anderer sieht in deinen Augen nicht viel!
Ein anderer sieht das, was er nur sehen will.
Du schaust ihm tief in seine Augen hinein.
Was siehst du dort? Nur mich, ganz allein.

Wie bleiben hinter den schwarzen Kulissen.
Ich weiß, wir werden uns immer vermissen.
Wir schauen trotzdem nach vorn, nicht zurück.
So tragisch und einsam ist unser Glück.

***

Erbarme dich meiner, mein Engel-Herz.
Erbarme dich, mach mich frei vom Schmerz.
So kann es doch weiter nicht mehr gehen.
Bevor ich sterbe, möchte ich dich sehen.

Ich bin ganz verlassen, ich bin ganz allein.
Mein Leben ist schon längst nicht mein.
Oh Gott! Ich suche und finde keine Ruh.
Der Erlöser allein bist, mein Freund, du.

Wer hat einmal geliebt, kennt ja die Qual.
Wer hat einmal geliebt, hat nie die Wahl.
Lust und Freude sind längst verschwunden.
Ich zähle nur die endlosen Abendstunden.

Die Sonne gibt mir schon keine Wärme.
Starre hoffnungslos in die weite Ferne.
Mich verlassen langsam die Lebenskräfte.
Dir bleiben zurück meine Lieder und Hefte.

So erfährst du, wie groß war meine Liebe.
Wollte Vogel sein, wollte zu dir fliegen.
Ich wollte immer gern dir alles geben.
Alles, alles, bis auf mein einziges Leben.

Durch wenige, durch vertraute Stunden
Sind wir zusammen, für ewig verbunden.
Ich darf nicht, will nicht im Wege stehen.
Du bleibst bei ihm, ich bleib alleine stehen.
Nur eins will ich – zum Schluss dich sehen.

***

Romano
Ich gehe durch die leere Strassen
Ich fühle mich einsam und verlassen
Romano
Ich wiederhole tausendmal deinen Namen

Meine Stimme zittert im Wind
Meine Gitarre weint wie ein Kind
Romano
Ich wiederhole tausendmal deinen Namen

Tränen wie Sterne vom Himmel fallen
Wellen verwischen deine Spuren im Sand
Die Nacht verschlingt deinen Schatten
Es ist bald alles vorbei
Romano
Ich wiederhole tausendmal deinen Namen

***

Hoch über uns ein Teppich voll Sternen.
Wir sehen uns nicht aus den weiten Fernen.

Endlich ist es uns klar wie Tag und Nacht.
Wir wurden an verschiedene Ufer gebracht.

Abschiedsstunde. Der Himmel weint bitter.
Ich sage dir – Ade, mein edler Ritter.

Wir werden nie im Leben zusammen sein.
Jeder trinkt allein von dem Abschiedswein.

***

Ich sah dich einmal im Café „Dell'Arte"
Dein Blick hat mich sprachlos gemacht.
Ich war stumm und du hast nur gelacht.
Bin heute wieder da, auf dich ich warte.

Damals, nicht heute, heute trauere ich nur,
Weil ich da bin, mach meine letzte Tour.
Unsere Jahren sind vom Winde verweht, aber
Ich bewahre im Herzen dein Abschiedsgebet.

Ach warum konntest du nicht bei mir bleiben.
Bist deinen letzten Weg gegangen, im Eilen.
Ach, warum kannst du nicht bei mir sein.
Mein Herz ist treu und immer noch dein.

Ich sah dich einmal im Café „Dell'Arte"
Bin heute wieder da, auf dich ich warte.

***

Alter Kamin, lieber Mann und Kerzenlicht,
Roter Wein, Augen funkeln, das Herz spricht.
Mein lieber Mann, ich will dich berühren,
Ich will dich so ganz, ich will dich spüren.

Es gibt einen alten Kamin und Kerzenlicht.
Es gibt roten Wein und ein Herz, das spricht.
Nur keinen Mann, den ich berühren kann.
Nur keinen Mann, den nur ich spüren kann.

Es gibt nichts…

Es waren nur meine Träume und meine Phantasie.
Die Wahrheit erfährt kein Mensch, das will ich nie.
Denn mein Leben fängt erst jetzt so richtig an.
Aber davon schreibe ich bestimmt irgendwann!

Versprich niemandem Liebe.
Tue nicht das, was du ewig bereuen wirst.
Was dich sehr oft und unheimlich quälen wird.
Gebe niemandem das, was du nicht besitzt.
Versprich niemandem Liebe, die du nicht kennst!

Du bleibst mein Licht!

Dort, in deiner Ferne

vergiss mich nicht!

INHALT